Spirituelles Christentum

und die letzten Tage

Bibliografische Information der Deutschen Nationalbibliothek: Die
Deutsche Nationalbibliothek verzeichnet diese Publikation in der
Deutschen Nationalbibliografie; detaillierte bibliografische Daten
sind im Internet über http://dnb.dnb.de/ abrufbar.

Herstellung und Verlag:
BoD – Books on Demand, Norderstedt

ISBN: 9783744871594

Inhaltsverzeichnis

Vorwort

Mit diesem Buch möchte ich ihnen auf Basis des biblischen Wortes erklären, wie und warum sie in den Himmel kommen. Warum der Sohn Gottes, und nur der Sohn Gottes, am Kreuz gestorben ist und welche Bedeutung dieses Geheimnis Gottes für den einzelnen gläubigen Menschen hat. Ich möchte ihnen Verständnis über die inhaltliche Wahrheit des Neuen Testaments, eine Annäherung an die Gnade und Herrlichkeit Gottes geben und jeden einzelnen erklären was Jesus für ihn getan und was Gott von allen Gläubigen hinsichtlich ihrer Gestaltung des täglichen Lebens erwartet. Eine dieser Aufgaben ist es, den Menschen zurück zu einer Beziehung zu ihrem himmlischen Vater, zum lebendigen Gott zu bringen und sie so vor dem unausweichlichen Gericht über die Welt und deren in die Irre führenden Wege zu bewahren. Das alles habe ich in kurzer Art und Weise zusammengefasst, damit sich Jesus nicht fragen muss welchen Glauben er bei seiner Rückkehr vorfinden wird. Nachdem sie dieses Buch gelesen haben, haben sie eine Entscheidungsgrundlage über eine Hauptaussage des Evangeliums, die lautet „Glauben sie's, oder nicht!?"

Der Menschensohn

Caesarea Philippi war eine antike römische Stadt am Fuße des Berges Hermon und befindet sich heute an der syrisch-libanesischen Grenze. Sie war eine der bedeutendsten Verehrungsstätten des heidnischen Gottes Pan. Bei Ausgrabungen fand man ein Höhlenheiligtum und in den Felsen gehauene Nischen für die Statuen der Nymphen. Pan wird mit den Zeichen eines Tieres, mit der Hinterhand, Beinen und Hörner einer Ziege dargestellt, sein Name bedeutet „weiden". In der griechischen Mythologie war Pan der Gott der desolaten Orte, der Wildnis, der Hirten und der Naturgeister. Die Hirten brachten ihm Opfer dar und fürchteten seinen Anblick. Im christlichen Mittelalter wurde das Motiv des Pan für die Darstellung des Teufels übernommen.

Im Neuen Testament, in den Evangelien von Matthäus und Markus wird berichtet das sich Jesus und seine Jünger in Caesarea Philippi aufhielten. Man nimmt an, das sie an dem Heiligtum vorbeigingen und Jesus seinen Jüngern daraufhin die Frage nach dem Menschensohn stellte.

„Für wen halten die Leute den Menschensohn?" Einige halten dich für Johannes den Täufer", antworteten sie," andere für Elija und wieder andere für Jeremia oder einen der alten Propheten." „Und ihr", fragte er weiter, „für wen haltet ihr mich?" "Du bist der Messias", erwiderte Petrus, „der Sohn des lebendigen Gottes."

Darauf sagte Jesus zu ihm: „Glückselig bist du, Simon Ben Jonah; denn das hat dir mein Vater im Himmel offenbart. Von einem Menschen konntest du das nicht haben.

Deshalb sage ich dir jetzt: Du bist Petrus, und auf diesen Felsen werde ich meine Gemeinde bauen, und alle Mächte des Todes können ihr nichts anhaben." [1]

Dieses Gespräch zeigt das grundlegende Fundament, der unerschütterliche Fels der Gemeinde Jesu. Das Bekenntnis des Petrus, Jesus sei der Messias, der Christus, der Sohn des lebendigen Gottes ist der Felsen auf dem die Gemeinde, die „herausgerufene Gemeinschaft", aufgebaut wird und der niemals zerstört werden kann. Dies wurde Petrus vom Vater im Himmel offenbart und nicht aus Logik oder Verständnis erkannt, und Petrus glaubt es und bekennt es öffentlich vor allen anderen. Der Tod, der Fluch der Sünde, kann ihr nichts anhaben, ist auch gleichbedeutend mit dem ewigen Leben im Himmel anstelle der Verdammnis durch die Sünde. Dieses Bekenntnis des Petrus umfasst die Salbung Jesu im Auftrag und in Vollmacht Gottes zu handeln, das in Jesus die Wahrheit zu finden ist, der Mensch seinen alten Lebenswandel ablegt, Buße tut, und sein Denken und Geistesleben grundlegend erneuert wird.[2] Auch umfasst es die Heilung des Herzens, der Seele, der körperlichen Gebrechen und Krankheiten und führt durch Glauben an Jesus und das Erkennen seiner Liebe zum Menschen, zu einem christlichen Charakter und einer christlichen Lebenseinstellung. In Liebe gegründet und gewurzelt zu sein, den inneren Wandel, das Wirken Jesu von innen heraus zum Heranwachsen und Aufbauen seiner

Gemeinde.[3] Durch das vergossene Blut des Sohn Gottes sind ihm seine Sünden vergeben und als Geschenk erhält der gläubige Mensch das ewige Leben.[4]

Der Name, Jesus der Sohn des lebendigen Gottes, zeigt ein[ʹ] liebevolles und inniges Verhältnis zu Gott als lebendiger und liebender Vater und die Teilhabe an seiner göttlichen Dreieinigkeit.

> ...eine Stimme aus der Wolke sprach: „Dies ist Mein geliebter Sohn, an dem Ich Wohlgefallen habe, ihn sollt ihr hören!"[5]

Aus der Seligpreisung des Petrus, aus der Antwort von Jesus: „Glückselig bist du Petrus,..." kann man den ursprünglichen Plan Gottes zur Errettung der Menschheit erkennen. Glückselig ist die Übersetzung des griechischen Wortes „makarios", das im Griechischen „äußerst" oder „am höchsten gesegnet" bedeutet. Petrus, ein Sohn des Jona, hat erkannt, das Jesus, der Messias, der Sohn Gottes ist. Gottes auserwähltes Volk hat aus der Schrift erkannt, das Jesus ihr prophezeiter Messias ist, das wäre und ist der größtmögliche Segen für die Menschheit.[6] Die damalige religiöse Elite, die Pharisäer und Sadduzäer, lehnten ihn aber ab, weil sie weltlich gesinnt waren, weder die Schrift kannten, noch die Kraft Gottes zur Errettung und das Wichtigste im Gesetz beiseite ließen, nämlich das Recht, die Barmherzigkeit und den Glauben.[7] Das jüdische Volk erwarteten einen Herrscher, der sie in die Unabhängigkeit führen und ihre Herrschaft über ihr eigenes Land wiederherstellen würde.

Sogar der Teufel nennt Jesus Sohn Gottes und stellt ihm in der Wüste eine versuchende Frage:

> *Da trat der Versucher an ihn heran und sagte: „Wenn du Gottes Sohn bist, so sprich, dass diese Steine hier zu Brot werden." Aber Jesus antwortete: „Nein, in der Schrift steht: Der Mensch lebt nicht nur von Brot, sondern von jedem Wort, das aus Gottes Mund kommt."*[8]

Er versuchte Jesus das in Stein gehauene Gebot, die zehn Gebote, in das Brot des ewigen Lebens zu verwandeln, oder mit anderen Worten, herbeizuzaubern ohne die Propheten und Psalmen zu erfüllen.

Jesus antwortete in dieser Diskussion mit: *„Es steht geschrieben..."* und der Mensch soll *"...von jedem Worte, das durch den Mund Gottes ausgeht."* leben. Nicht nur von einem Teil des Wort Gottes, sondern von jedem Wort sollen wir leben. Das geschriebene Wort Gottes, die Bibel, das durch den Mund Gottes ausgegangen und in Ewigkeit besteht.

Denn Jesus Christus, der Sohn Gottes, ist das Wort Gottes:

> *„Im Anfang war das Wort, und das Wort war bei Gott, und Gott war das Wort. Und das Wort ward Mensch und wohnte unter uns, und wir haben seine Herrlichkeit gesehen, eine Herrlichkeit wie sie nur dem Erstgeborenen vom Vater (dem Sohn Gottes) verliehen wird, voller Gnade und Wahrheit."*[9]

> *„Und er Christus ist bekleidet mit einem in Blut getauchten Gewand und sein Name heißt: Das Wort Gottes"*[10]

Jesus ist das geschriebene Wort Gottes in Person. Die Bibel offenbart Jesus Christus, Jesus erfüllt die Bibel. Gott, der liebende Vater im Himmel, wird durch sein geschriebenes Wort und gleichzeitig durch sein menschgewordenes Wort als Jesus Christus, der Sohn Gottes, offenbart. Das Alte Testament deutet auf Jesus hin, es kündigt ihn an, so wie Johannes der Täufer der Vorläufer Christi war. Das Neue Testament ist die Erfüllung des Alten Testaments, es offenbart Jesus Christus, den Sohn Gottes. Die Bibel beschreibt die Entwicklung vom geschriebenen Wort Gottes zum lebendigen Wort Gottes in der Person Jesus.[11]

Die Ankündigung

Jesus wird durch die Propheten des Alten Testaments angekündigt. Durch Moses, der die Israeliten aus der Sklaverei in Ägypten herausgeführt hat, als kommender und wichtigster Prophet, denn wer nicht auf ihn hört, von dem wird Rechenschaft für seine Werke gefordert:

„Einen Propheten wird Jahwe, dein Gott, aus deiner Mitte, aus deinen Brüdern, für dich erstehen lassen so wie mich. Auf ihn sollt ihr hören."[12]

„Einen Propheten werde ich ihnen aus der Mitte ihrer Brüder erstehen lassen so wie dich. Durch seinen Mund werde ich zu ihnen sprechen. Er wird euch alles verkünden, was ich ihm befehle. Wer nicht befolgt, was ich durch ihn sage, den ziehe ich dafür zur Rechenschaft."[13]

Und als zukünftiger König, als Schilo, dem die Königswürde gehört, Synonym für Messias und seine Regierungszeit.[14]

In den Psalmen besungen als Sohn Gottes:

> *„Vom Beschluß will ich erzählen: Jehova hat zu mir gesprochen: Du bist mein Sohn, heute habe ich dich gezeugt. Küsset den Sohn, daß er nicht zürne, und ihr umkommet auf dem Wege, wenn nur ein wenig entbrennt sein Zorn. Glückselig alle, die auf ihn trauen!"*[15]

Ein prophetischer Hinweis auf die Auferstehung und Sieg über den Tod:

> *„...meine Seele wirst du dem Scheol nicht lassen..."*[16]

Als Erlöser der Heiden:

> *„...unter allen Heidenvölkern dein Heil."*[17]

Jesus der gedemütige und gekreuzigte Heiland:

> *„...sie haben mir Hände und Füße durchbohrt. Die Schmach hat mir das Herz gebrochen."*[18]

Jesus entschlossene aufopferungsvolle Hingabe an den Willen des Vaters und der perfekten Einhaltung und Erfüllung seines Gesetzes, der fünf Bücher Mose, und die Verkündigung der Wahrheit:

> *„Deinen Willen zu tun, mein Gott, ist meine Lust, und dein Gesetz ist tief mir ins Herz geschrieben. ...ich habe deine Gnade und Wahrheit nicht verschwiegen, vor der großen Versammlung."*[19]

Als Jesus, der Christus:

...gesalbt mit Freudenöl wie keiner deinesgleichen. [20]

Als Christus, regierender barmherziger König:

Er herrsche von Meer zu Meer und vom Euphratstrom bis hin an die Enden der Erde. Er wird sich Erbarmen des Schwachen und Armen und Hilfe gewähren den Seelen der Armen, aus Bedrückung und Gewalttat wird er ihre Seelen erlösen, und ihr Blut wird kostbar sein in seinen Augen. [21]

Der Psalm enthüllt Jesu Lehrmethode, die Verkündigung in Gleichnissen. [22]

In diesem Psalm als der erhöhte und verherrlichte Messias, der zur Rechten Gottes sitzt. [23]

Jesus Rückkehr und sein Gericht:

Denn er kommt, um die Erde zu richten. [24]

Eine Ankündigung einer neuen lobpreisenden Generation:

Dann wird ein neu geschaffenes Volk den Herrn loben. [25]

Ein Hinweis auf ein Leben abseits des Verderbens, der Krankheit und der Armut. Die Auferstehungshoffnung in und durch Jesus.

Der dir alle deine Schuld vergibt und alle deine Gebrechen heilt, der dein Leben erlöst vom Verderben (oder: Tode), der dich krönt mit Gnade und Erbarmen, der dein Alter mit guten Gaben sättigt, das, dem Adler gleich, sich erneut deine Jugend., [26]

Als ewiger Hohepriester nach der Ordnung Melchisedeks, dem König von Salem und Priester Gottes, des Höchsten.[27]

Jesus, von den Israeliten verworfen, ist zum Eckstein geworden, die Tür zu Gott. Dieser Psalm beinhaltet den Lobpreis der Menschen beim Einzug Jesu in Jerusalem.

> *„Dies ist das Tor zum Herrn: Die Gerechten ziehen hier ein.“*[28]

Durch Gottes Gnade die Vergebung der Sünden:

> *„Denn beim Herrn ist die Gnade und Erlösung bei ihm in Fülle, und er wird Israel erlösen von allen seinen Sünden.“*[29]

Schon in den Sprüchen Salomos, der alttestamentarischen Weisheitsliteratur, entstanden ca. 700 v. Chr. wird die Frage nach dem Namen des Schöpfers und den Namen seines Sohnes gestellt. Erst im Neuen Testament wird der Name seines Sohnes offenbart.

> *„Wer stieg je in den Himmel hinauf und kam wieder herab? Wer hat den Wind in seine Fäuste gepackt? Wer band die Wasser in ein Tuch? Wer hat die Grenzen der Erde bestimmt? Wie ist sein Name und wie der Name seines Sohnes? Sag es mir, wenn du es weißt!“*[30]

Jesaja prophezeit die Jungfrauengeburt und Micha den Geburtsort Betlehem:

> *„Seht, die Jungfrau wird schwanger werden und einen Sohn zur Welt bringen, den sie Immanuël (Gott mit uns) nennt.“*[31]

Der Wurzelspross Isais wird Frucht tragen.[32]

Die Versöhnung mit Gott, den Heiligen Geist, den Namen Jesus und seine frohe Botschaft verkünden:

„Voller Freude sollt ihr Wasser schöpfen, Wasser aus den Quellen des Heils. Ruft seinen Namen aus! Macht unter den Völkern sein Wirken bekannt."[33]

Das Hochzeitsmahl des Lammes, der Schleier wird gelüftet und der Tod ist besiegt:

„…wird alle Völker zum Fest einladen,… die Decke entfernen,…den Tod wird er für immer verschlingen."[34]

Der Diener Gottes, die Zurückweisung durch Israel, als Resultat wird Jesus das Licht für die restliche Welt:

„Ich habe dich auch zum Licht der Nationen gemacht, dass mein Heil das Ende der Erde erreicht."[35]

Der leidende Gottesknecht, das Lamm Gottes, das Geheimnis des Kreuzestodes Christi:

Er wurde verachtet, und alle mieden ihn. Er war voller Schmerzen, mit Leiden vertraut, wie einer, dessen Anblick man nicht mehr erträgt. Doch unsere Krankheit, er hat sie getragen, und unsere Schmerzen, er lud sie auf sich. Doch man hat ihn durchbohrt wegen unserer Schuld, ihn wegen unserer Sünden gequält. Für unseren Frieden ertrug er den Schmerz, und wir sind durch seine Striemen geheilt. Wie Schafe hatten wir uns alle verirrt; jeder ging seinen eigenen Weg. Doch ihm lud Jahwe unsere ganze Schuld auf. Wie ein Lamm, das zum Schlachten geführt wird, wie ein Schaf, das vor den Scherern verstummt, so ertrug er alles ohne Widerspruch. Durch Bedrückung und Gericht wurde er dahingerafft, doch wer von seinen Zeitgenossen dachte darüber nach? Man hat sein Leben auf der Erde ausgelöscht. Die Strafe für die Schuld meines Volkes traf ihn. Doch Jahwe wollte ihn zerschlagen. Er war es, der ihn leiden ließ. Und wenn er sein Leben als Schuldopfer eingesetzt hat, wird er leben und Nachkommen haben. Durch ihn gelingt der Plan Jahwes. Nach seiner Seelenqual sieht er das Licht und wird für sein Leiden belohnt. Durch seine Erkenntnis wird mein Diener, der Gerechte, den Vielen Gerechtigkeit bringen; und ihre Vergehen lädt er auf sich. Darum teile ich die Vielen ihm zu, und die Starken werden seine Beute sein, weil er sein Leben dem Tod preisgegeben hat und sich unter die Verbrecher rechnen ließ. Dabei war er es doch, der die Sünden der Vielen trug und fürbittend für Verbrecher eintrat.[36]

Die Beschreibung des neuen Bundes mit neuem Geist und einem Herz aus Fleisch:

„Der neue Bund, den ich dann mit dem Volk Israel schließen werde, wird ganz anders sein", spricht Jahwe. „Ich schreibe mein Gesetz in ihr Herz, ich lege es tief in sie hinein. So werde ich ihr Gott sein und sie mein Volk. „Denn ich werde ihre Schuld vergeben und an ihre Sünde nie mehr denken."

„Und ich will euch ein neues Herz verleihen und euch einen neuen Geist eingeben: das steinerne Herz will ich aus eurer Brust herausnehmen und euch dafür ein Herz von Fleisch verleihen."[37]

Der Erzengel Gabriel kommt zum Propheten Daniel um ihm Verständnis zu lehren, Verständnis über das Lebenswerk des Messias:

„...um die Übertretung zum Abschluss zu bringen und den Sünden ein Ende zu machen, und die Ungerechtigkeit zu sühnen und eine ewige Gerechtigkeit einzuführen, und Vision und Propheten zu versiegeln, und ein Allerheiligstes zu salben."

„... dann wird der Messias ums Leben gebracht werden, ohne dass eine Schuld an Ihm wäre..."[38]

Das Kreuz und der neue Bund

Aus all diesen Prophezeiungen über den Messias soll der Mensch das Geheimnis des Kreuzestodes des Messias erkennen. Er hat, ohne schuldig zu sein, für unsere Krankheiten gelitten, für unsere Schuld wurde er durchbohrt und für unsere Sünden gequält. Wobei Schuld das verbrecherische handeln, ein gerichtlich zu ahndendes Verbrechen bezeichnet und Sünde, das sündhafte Verhalten und deren Tatfolgen, das Abweichen vom rechten Weg in der Beziehung mit Gott und den Menschen. Und dieses freiwillige Opfer am Kreuz ist der neue Bund, der Gottes Gesetz tief in unser Herz hineinschreibt und den Menschen befähigt Gott treu zu bleiben, denn er vergibt ihm seine Schuld und an seine Sünden denkt er nicht mehr.[39]

Johannes beschreibt dies mit:

> „…*aber die Gnade und Wahrheit sind durch Jesus Christus geworden.*"[40]

Um die Gnade Gottes besser zu verstehen muss man zuerst das Wesen der Sünde verstehen.

Sünde ist eine innere geistige Einstellung der Rebellion gegen Gott und drückt sich im äußeren Verhalten durch Ungehorsam aus.[41] Gott hat alles durch seinen Willen zu seiner Herrlichkeit, Macht und Ehre geschaffen, er allein ist würdig diese zu erhalten.[42] Oder mit Paulus Worten: „Denn von ihm und durch ihn und für ihn sind alle Dinge; ihm sei die Herrlichkeit in Ewigkeit! Amen."[43] Wir alle sind schuldig der Sünde, denn durch unser sündhaftes Leben betrügen wir Gott um seiner ihm zustehenden Anbetung und Dankbarkeit und sind fern seiner Herrlichkeit, der Präsenz und Kraft Gottes.[44] Die Konsequenzen der Sünde des Ungehorsams sind der geistliche Tod, die Entfremdung von Gott, verbunden mit einer boshaften Gedankenwelt und finsteren Herzen, der physische Tod des Körpers und die ewige Verdammung in die Finsternis und Peinigung.[45] Auch das Unterlassen etwas Gutes zu tun ist Sünde in Gottes Augen, und wie Jesus selber sagt, schon der Gedanke und das Begehren ist Sünde.[46]

Als weitere Konsequenz der Sünde sucht der eifersüchtige Gott die Sünden der Väter noch bis zur dritten Generation heim, das ist ein Fluch der Sünde.[47] Das sind die Konsequenzen des Ungehorsams Adams und Evas, die so klug wie Gott sein wollten und beschlossen ihren eigenen Weg zu gehen und Gott nicht mehr zu beachten. Im

Paradies hatten sie einen klaren Verstand, reine Herzen und die Fähigkeit das Rechte zu tun und hatten dadurch Gemeinschaft mit Gott.[48] Sie wurden auf die Probe gestellt, sie konnten sich frei entscheiden und wurden schließlich aus dem Paradies verbannt.[49] Es entlarvt die dreifache Lüge der Schlange, die erstens Gottes Wort zur Lüge erklärte, und die behauptete, die beiden werden sicher nicht sterben, was sie nicht dazu sagte, das sie sicher nicht in und durch ihre Sünden sterben werden.

Der Mensch erkennt nun den Unterschied zwischen Gut und Böse in ihm selber.[50] Durch Adams Ungehorsam ist die Sünde in die Welt gekommen, die Erbsünde, und mit der Sünde der Tod und der Fluch des Ungehorsams.[51] Wer also behauptet ohne Sünde zu sein belügt sich selber und erklärt Gott zu einem Lügner.[52]

Wie auch Paulus schreibt, es gibt keinen Gerechten, auch nicht einen, darum braucht der Mensch einen Erlöser.[53] Schon Mose erhöhte Schlange in der Wüste war ein Abbild des Zukünftigen.[54]

Gottes Antwort auf die Lüge der Schlange ist die Geburt des Messias durch eine gehorsame Jungfrau, die nur den einen wahren Gott anbetet, über die der Heilige Geist kommt und von der Kraft des Allerhöchsten überschattet wird.[55] Sie gebar einen Sohn, den Sohn Gottes, der dadurch frei vom Fluch des Ungehorsams seines menschlichen Vaters blieb.[56] Petrus spricht von Jesus als das fehlerlose und unbefleckte Lamm Gottes.[57] Jesus konnte von sich sagen: "Wer überführt mich einer Sünde?"[58] Er erklärt seine Aufgabe als die Sünder zur Buße, zur Umkehr zu ihrem Messias zu rufen und selig zu machen was verloren ist. Er vergleicht sie mit Kranken die einen Arzt brauchen. [59] Gott will das alle Menschen errettet werden und zur Erkenntnis der Wahrheit kommen. [60]

Petrus spricht auch davon das die Gläubigen nicht mit Gold und Silber erkauft worden sind, Paulus schreibt Jesus habe sich selbst als Lösegeld hingegeben, um uns aus der Knechtschaft der Sünde und deren Konsequenzen zu befreien. [61] Wir wurden erkauft mit dem kostbaren Blute Christi, denn ohne Blutvergießen gibt es keine Sühnung der Sünden. [62]

Jesus zahlte den Preis, ohne Grund gehasst, von einem Freund verraten, von seinen Jüngern verlassen, von den Eigenen abgelehnt, geschlagen, gegeißelt, mit Dornen gekrönt und verspottet, als Verbrecher verurteilt, öffentlich gedemütigt, vergiftet, gekreuzigt, und um alles was er noch hatte beraubt zu werden. [63] Bevor er verstarb, musste er noch das Entsetzen des eigenen Vaters erleiden, unansehbar voll von Schuld und Sünde der Menschen, um schließlich das erfolgreiche Ende seines Wirkens auf Erden zu erklären: „Es ist vollbracht!". [64] Er hat das Gesetz und die Propheten, die ihn ankündigten, erfüllt. [65] Er hatte den Gehorsam seiner Mutter Maria, er liebt uns und ging für uns in den Tod. [66]

Erfüllung des Gesetzes

Das Gesetz Gottes wurde durch einen Mann, Moses, den Israeliten übermittelt. Es ist eine vollständige, untrennbare Einheit von verschiedenen Geboten, Vorschriften, Verordnungen und Rechten. Diese sind in den fünf Büchern Mose aufgezeichnet, in der Bibel kurz „das Gesetz" genannt. Es beinhaltet die zehn Gebote, Tier- Speis- und Trankopfer sowie Waschungen und Rituale.

Den Heiden wurde das Gesetz nicht gegeben, sie zeigen aber durch ihr Gewissen, das das moralische Gesetz in ihr Herz geschrieben ist, wenn es Zeugnis gibt durch Schuldgefühl und Scham, wenn sie etwas Falsches tun.

Das ganze Gesetz Gottes ist untrennbar miteinander verbunden und stellt eine geschlossene Einheit dar. Wenn jemand nur ein Gebot des Ganzen nicht einhält, ist er der Verfehlung des ganzen Gesetzes schuldig. Wobei kein Mensch durch das Gesetz gerechtfertigt wird, keiner kann durch die Einhaltung des Gesetzes Vergebung erlangen, denn durch das Gesetz kommt nur die Erkenntnis der Sünde.[67] Zur Sühnung der Sünden muss Blut vergossen werden, wobei das Tierblut der jährlichen Opfertiere die Israeliten nur an deren Sünden erinnern und sie bedecken sollte, ihr Gewissen aber nicht reinigte.[68] Die Opfer, Waschungen und Rituale aber kamen nebenan hinzu, nachdem die Israeliten sich versündigten, indem sie das goldene Kalb anbeteten.[69] Die Israeliten in der Wüste versprachen Gott: „Alles was der Herr geboten hat, werden wir tun!" um kurz darauf ein goldenes Kalb anzubeten, und nur wer später auf die erhöhte kupferne Schlange aufschaute wurde gerettet.[70]

Die zwei Steintafeln mit den zehn Geboten mussten in der Bundeslade, dem Thron Gottes auf Erden, aufbewahrt werden. Das bezeugt, das sie Gottes ewiges, geistliches Gesetz sind. Sie reflektieren Gottes vollkommenen Charakter, seine Persönlichkeit, seinen Sinn und sind für alle Christen verpflichtend zu halten.[71] Das moralische oder geistliche Gesetz Gottes erforderte die Einhaltung der Gebote Gottes, verbunden mit Fluch des Ungehorsams und dem Segen des Gehorsams.[72] Das rituelle Gesetz Gottes forderte fehlerlose Lämmer und einen Widder ohne Fehler zum Friedensopfer.[73]

Durch Jesu freiwillige Hingabe an den Kreuzestod hat er sich zum Friedensopfer für die Menschen gemacht und sein Blut wurde zur Sühnung unserer Sünden vergossen. Unmittelbar nach Jesu Tod am Kreuz konnten die bereits verstorbenen Heiligen aus ihrem Schlaf der Toten auferstehen.[74] Am dritten Tag nach der Kreuzigung ist Jesus körperlich von den Toten auferstanden.[75] Christi Leib starb, und es war sein Leib, der wieder auferweckt wurde und seinen Geist gab er in die Hände des Vaters.[76]

Durch Jesu Auferstehung bezeugt Gott der Welt, das Christi Tod am Kreuz als Sühneopfer für unsere Sünden von ihm angenommen wurde, darum ist das Osterfest das wichtigste Fest der Christenheit. Wie Paulus an die Korinther schrieb, wenn Christus nicht auferweckt worden ist, so ist unser Glaube wertlos, und wir sind noch in unseren Sünden.[77]

So ist Gottes Gerechtigkeit offenbart worden durch das Gesetz und die Propheten, aufgrund der Erlösung die in Jesus Christus geschehen ist. [78] Durch Gottes eigene Gerechtigkeit, der Erfüllung seines eigenen Gesetzes durch seinen eigenen Sohn, wurde eine ewiggültige Erlösung, ein Opfer für allemal der Sünden der Vielen, für immer und ewig vollbracht. [79] Wir erhalten durch Jesu stellvertretendes Opfer am Kreuz die Rechtfertigung von Gott, das heißt von Gott gerecht gesprochen und gerecht gemacht, wir erlangen die Vergebung der Sünden, ein reines Gewissen und gelten als unschuldig vor Gott. Darum können wir im Gericht vor ihm bestehen, und werden nicht verdammt, so wie im Gleichnis der reiche Mann in die Feuerglut verdammt wurde. [80]

Dieses Rechtfertigungsurteil ist der Freispruch von der Todesstrafe des geistlichen Todes. [81] Durch Jesu vergossenes Blut gelten wir als unschuldig, heilig und gerecht, so stehen wir vor unserem Schöpfer. [82] Wir haben Frieden mit Gott und das durch Gottes Gnade, gerechtfertigt, als Geschenk erhalten und nicht durch unsere eigenen guten Werke, unsere Herkunft oder der Erfüllung des gesamten Gesetzes, denn durch das Gesetz kommt nur die Erkenntnis der Sünde und es bedarf des vergossenen Blutes zur Sühnung der Sünden. [83]

Das Gesetz soll die Abscheulichkeit der Sünde zeigen und den Gehorsam gegenüber Gott erproben und forderte vom Menschen es zu tun. [84] Der Mensch war darunter verwahrt und es sollte ihn bis zur Offenbarung Christi hin zu einem Gott wohlgefälligem Leben erziehen. [85] Demnach ist das Gesetz und Gebot Gottes heilig, gerecht und gut und schenkt langes Leben. [86]

Zugang zur Gnade Gottes erhält man durch die bewusste Entscheidung zur Annahme und Bekenntnis im Glauben, das Jesus für unsere Sünden am Kreuz gestorben ist, sein vergossenes Blut die Vergebung unserer Sünden bewirkt und uns heiligt und so Gottes Gerechtigkeit erfüllt wurde.[87] Wir erhalten von Gott die Gerechtigkeit die er selbst verlangt. Jesus Gerechtigkeit wird uns angerechnet. Wenn Gott uns ansieht, sieht er Christi Gerechtigkeit, die vollkommene Erfüllung seines Gesetzes, wir sind in seinen Augen gerechtfertigt und erlangen die Vergebung unserer Sünden. Wir gelten als heilig und gerecht und dort sollen wir durch Anbetung, Lobpreis und die Heilige Kommunion auch bleiben. Er hat uns freigemacht vom Gesetz der Sünde und der Todesstrafe, vom Fluch des Ungehorsams und vom schlechten Gewissen. Es ist die Gerechtigkeit die vor Gott gilt, Gott ist für uns und nichts kann uns mehr von ihm trennen und wir erhalten sicher kein Verdammungsurteil. Wir können im Segen des Gehorsams leben.[88]

So ist die Liebe Gottes offenbart worden, das er seinen Sohn in die Welt gesandt hat, damit wir durch ihn leben, denn das ist die Liebe Gottes, nicht das wir Gott geliebt haben, sondern das er uns liebt und seinen Sohn zur Sühnung unserer Sünden gesandt hat.[89] Wer auch immer zu Jesus kommt, der wird nicht hinausgestoßen, denn wer den Namen des Herrn anruft, der soll gerettet werden.[90] Es bedarf nur mehr des Glaubens dieser Wahrheit damit man ewiges Leben hat, mit dem Herzen glaubt man zur Gerechtigkeit und so wie Petrus, mit dem Mund bekennt man zur Errettung.[91] Denn der Gerechte aus dem Glauben wird aus seinem Glauben leben, und der Himmel freut sich über jeden der umkehrt.[92]

Das Wort und die Wahrheit

Dies ist die Wahrheit die Jesus, körperlich anwesend, den beiden Jüngern am Weg nach Emmaus und den anderen Jüngern in Jerusalem erklärte, und ihnen so das Verständnis über die Schriften öffnete.[93] So konnte der Äthiopier, dem Philippus die Heilsbotschaft verkündigte, wie auch Marta sagen: „Ich glaube, das Jesus Christus der Sohn Gottes ist."[94] Und Apollos konnte öffentlich aus den heiligen Schriften nachweisen, das Jesus der Messias sei.[95]

So wie Jesus am Kreuz erhöht wurde, so ist Jesus, als Nachkomme König Davids, vom Himmlischen Vater erhöht worden.[96] Er empfing den Heiligen Geist vom Vater und sitzt an seiner rechten Seite, als Hohepriester und Fürst der Fürsten der Könige der Erde. Und der himmlische Vater macht die ganze Arbeit, er legt ihm seine Feinde als Hocker unter seine Füße.[97] Der Name Jesus enthält die gesamte Autorität als Hohepriester und zukünftiger König der Welt vor dem sich alle Knie beugen müssen.[98]

Als Jesus dann den Jüngern erschien, erklärte er ihnen, das ihm alle Gewalt im Himmel und auf Erden verliehen wurde, nicht der Vater wird Richter sein, sondern Jesus wurde alles Gericht übergeben.[99] Jesus unser Richter hat unsere Strafe selbst getragen, niemand kann uns mehr verurteilen, unser Richter ist auch unser Rechtsbeistand, unsere Erlösung ist sicher. Wenn Gott für uns ist, wer kann dann gegen uns sein?[100]

Dann sandte er den Heiligen Geist der Wahrheit, der der Welt die Augen auftun wird über deren Sünden und deren Glauben, die Rechtfertigung und die Auferstehung, über den Richter und den Sieg über die Lüge der Schlange.[101] Der Heilige Geist der uns alles lehren und an alles erinnern wird wovon Jesus sprach, der uns immer zu Jesus führt und leitet, er ist unsere Verbindung zu Gott.[102]

Durch die Annahme Christi Opfer am Kreuz und der Taufe im Heiligen Geist werden wir neugeboren.[103] Neugeboren durch den Glauben an das Wort Gottes, dem Wasser das uns reinwäscht, und der Erneuerung unseres Geistes.[104] Durch die Taufe im Heiligen Geist erhalten wir Anteil am Wesen und der Natur Gottes, denn Gott ist Geist und Gott ist heilig.[105] Wenn wir so in Christus sind, so sind wir eine neue Schöpfung, ein neuer Mensch.[106] Der gläubige Mensch hat durch den Geist Gottes eine sehr enge und persönliche Beziehung zu seinem Erlöser, dies wird in der Bibel als das innige und liebevolle Verhältnis eines Bräutigams mit seiner Braut beschrieben deren Ziel die Vermählung ist.[107]

Durch das Studium des Wort Gottes nähern wir uns Gott an. Wir lernen seine Gedanken, sein Wesen, seinen Willen, seine Wege, seine Gerechtigkeit, seine Schöpfung, und seine Liebe zum Menschen kennen. Es ist das Wasser das uns reinwäscht von den Gedanken, den Wegen, Werken und der Gerechtigkeit der Welt und deren Gottlosigkeit. Das Wort Gottes führt uns zum Verständnis und zur Erkenntnis der Geheimnisse Gottes, durch die Erkenntnis unseres Herrn wird unser gesamtes Wesen erneuert. [108]

Der gläubige Mensch wird mit dem Heiligen Geist versiegelt, durch seine Bürgschaft sichert er uns unsere Erlösung, er ist das Angeld oder die Vorauszahlung für das verheißene Erbe. [109] Ein unverwesliches und unbeflecktes und unverwelkliches ewiges Erbteil, welches in den Himmeln mit den Heiligen im Licht für uns aufbewahrt ist, das ewige Leben im Reich Gottes. [110] Dort, wo der Wolf beim Lamm weilt und der Löwe Stroh frisst wie das Rind. Wo kein Böses und kein Verderben mehr existiert, wo Gott jede Träne von den Augen abwischt. [111]

Jesus ist genau der eine Nachkomme Abrahams, der die Verheißungen Gottes an Abraham erfüllt. Abraham soll Vater vieler Völker mit unzählbarer Nachkommenschaft werden. In ihm sollen alle Völker reichlich gesegnet werden. [112] Den Abraham, den Gott auf seine Gottesfurcht und Gehorsam prüft, und ihn sein ihm Allerliebstes, seinen Sohn, opfern lassen will, bevor der Engel des Herrn kommt, um ihn aufzuhalten und ihm einen fehlerlosen Widder brachte. Den Abraham, den er reichlich segnen wird und dessen Nachkommen die Tore ihrer Feinde in Besitz nehmen werden. Genau der Engel des Herrn, der ihn aufhielt und ihm einen fehlerlosen Widder als stellvertretendes Opfer brachte. [113] Das wollte Jesus den Juden mit den Worten: „Ehe Abraham geboren ward, bin ich." sagen, um der Barmherzigkeit Gottes zu gedenken. [114]

Durch den Heiligen Geist, dem Geist der Sohnschaft, sind wir nicht nur Erben Gottes sondern auch immer ein Kind Gottes, ein Sohn oder eine Tochter Gottes, das dadurch immer und überall freien Zugang zu Ihm, dem lebendigen Gott hat und deshalb rufen kann: Abba, Vater.[115] Darum kann man den Vater und den Sohn im Namen Jesu um etwas bitten, es bedarf nicht der vielen Worte, und es wird uns sehr schnell gegeben werden, damit unsere Freude vollkommen sei und der Vater und Sohn verherrlicht wird.[116]

Nicht mehr Fremde sind wir, sondern Mitbürger mit den Heiligen im Reich Gottes und Gottes Hausgenossen, ein Teil der Familie Gottes.[117] Durch die Annahme Jesu und den Glauben an seinen Namen erhalten wir das Recht als Mitbürger ein Kind Gottes zu sein.[118] Diese Versöhnung mit Gott dem Vater wird durch den Heiligen Geist, dem Wesen und der Natur Gottes, selbst bezeugt.[119] Darum ist Jesus die alleinige Tür des Tores für die Schafe ins Reich Gottes.[120]

Heiligung

Der Heilige Geist heiligt, reinigt, stärkt, tröstet, schützt und bewahrt uns vorm Bösen und der Sünde. Durch den Heiligen Geist bleiben wir in Jesus und Jesus bleibt in uns.[121] Durch das Wirken des Heiligen Geistes bleiben wir in Jesu Wort und Jesu Gerechtigkeit bleibt in uns.[122] Er lehrt uns, wie wir unseren Weg zu gehen haben, damit wir der Sünde nicht erliegen.[123] Der Heilige Geist hilft uns, uns von aller Unreinheit und Bosheit fernzuhalten, wenn wir in ihm wandeln und auf ihn hören werden wir keine Werke des Fleisches tun und der sündhaften Begierde erliegen.[124] Er stärkt unsere Seele um deren Emotionen und Gefühle zur

Heiligkeit zu verändern. [125] Heiligung ist ein lebenslanger Prozess vom gerechtfertigtem Sünder hin zur Heiligkeit Jesu, um Jesus immer ähnlicher zu werden. [126]

Die Heiligung im Geist ist ein Geschenk Gottes, die praktische Heiligung ist ein lebenslanger Prozess, sich durch die Kraft des Heiligen Geistes konsequent der Sünde in Gedanken, Worten und Taten zu enthalten und auf Jesus aufschauend, ihn zu verinnerlichen und zu werden wie er. [127]

Durch die Heiligung des Geistes zum Gehorsam hat uns Gott vorausbestimmt dem Angesicht seines Sohnes gleichgestaltet zu werden und unsere Seele zu retten. [128] Gleichgestaltet dem Sohn Gottes, der Mensch geworden ist und genau so versucht wurde wie wir versucht werden, nur ohne zu sündigen, weil er uns über alles liebt. [129] Unser Gott der Mensch geworden ist und alle unsere menschlichen Nöte, Ängste, Bedrängnisse und Versuchungen am eigenen Leib und eigener Seele gespürt hat.

Durch die Rechtfertigung gelten wir als heilig und gerecht, um in diesem Geschenk Gottes zu bleiben sollen wir im Geist der Heiligkeit wandeln und in ihm bleiben, denn dann wird die Sünde nicht mehr über uns herrschen. [130] Das soll unser Gottesdienst sein, das wir unseren Leib als ein lebendiges und heiliges Opfer darbringen, unseren Lebenswandel bewusst verändern und ein Gott wohlgefälliges Leben leben. [131]

Um den Anteil an der Natur Gottes zu besitzen, ihn festzuhalten, fordert Petrus uns auf, dem Glauben die Tugend, ein moralisch einwandfreies Verhalten, hinzuzufügen. Aus den Tugenden heraus wächst die

Erkenntnis des Reichtums und Umfangs der Gnade Gottes hin zur Selbstbeherrschung und der Standfestigkeit im Glauben, weiter zur Gottseligkeit und Bruderliebe und zur Vervollkommnung in der Liebe zu allen Menschen.[132]Unser Lebenswandel soll unserem Glauben entsprechen, dadurch sollen andere das Wirken Jesu in unserem Leben erkennen.[133]

Das Wirken Jesu ist die Entwicklung vom rein äußerlichen Gottesdienst zum persönlichen inneren Gottesdienst im Herzen. Durch die Rechtfertigung im Geist haben wir Anteil an Jesu Gerechtigkeit und durch die Heiligung durch den Geist haben wir Anteil an Jesu heiligem Leben und seinem Segen in uns. Die Auferstehung Jesu, die Annahme seines Opfers für uns von Gott, befähigt uns zu diesem Wandel in unserem neuen Leben, um das Böse mit dem Guten zu überwinden, in Liebe tätig zu sein, und bringt schließlich die Früchte des Geistes, das ist Liebe, Freude, Friede, Geduld, Freundlichkeit, Gütigkeit, Treue, Sanftmut und Beständigkeit hervor.[134]

Das ist unser geistliches Opfer, eine geistliche Beschneidung, um in Jesus festgewurzelt zu sein und im Vertrauen auf Jesus im Glauben zu leben.[135] Jesus wirkt in unserem Herzen, jeder gläubige Mensch hat eine sehr persönliche Beziehung zu seinem Erlöser, wenn er auf seinem von ihm gesandten Ratgeber hört, bleibt er in seinem Wort und verleugnet Jesus und sein Werk für ihn nicht.[136]

Die Heiligung unserer Seele und unseres Alltages bedarf unserer bewussten Entscheidung und unserer Tätigkeit, das soll unser Werk sein.[137] Wir sollen nicht nur Hörer des

Wortes Gottes sein, sondern auch Täter des Wortes in Gerechtigkeit und Wahrheit, denn der Glaube ohne dementsprechenden Werke ist ohne Frucht oder unsichtbar.[138]

So sollen wir in der Liebe tätig sein und dem Nächsten nichts Böses tun, denn die Liebe ist die Erfüllung des Gesetzes.[139] Aus der Liebe Gottes heraus, aus dem Geschenk der ewigen Erlösung, der Vergebung der Sünden und des geistlichen Beistandes und aus unserer Dankbarkeit heraus werden wir befähigt das Hauptgebot des Gesetzes, nämlich „Du sollst den Herrn, deinen Gott, lieben mit deinem ganzen Herzen, mit deiner ganzen Seele und mit deinem ganzen Denken und deinen Nächsten wie dich selbst." zu erfüllen und vollenden.[140] Wir können durch den Heiligen Geist in allen Anforderungen und Geboten Gottes leben.[141]

Glaube

Unsere Errettung und das Überwinden des Bösen mit Gutem wird auch in Furcht und Zittern geschehen, denn der Teufel geht umher wie ein brüllender Löwe, voller Stolz, neidisch und eifersüchtig auf den Geist, um uns zur Sünde anzustacheln, zu manipulieren und zu versuchen, wenn wir ihm aber widerstehen so wird er von uns fliehen.[142]

Diese persönliche Anfechtungen und die damit einhergehende Traurigkeit soll die Echtheit unseres Glaubens beweisen. Diese Trübsal bringt die standhafte

Geduld hervor, das geduldige und vertrauensvolle Erwarten einer Antwort Gottes auf die Anfeindungen. Die Reaktion Gottes führt zur Erfahrung das sich unser Vertrauen bewährt hat und unsere Hoffnung auf das Wirken Gottes sicher nicht enttäuscht wird, da der Heilige Geist die Liebe Gottes in uns bezeugt.[143] Sich nicht zu rächen bedeutet, ein Urteil dem göttlichen Zorn zu überlassen, denn es steht geschrieben: „Mein ist die Rache, ich will vergelten, spricht der Herr."[144]

Gott gibt uns seine Waffenrüstung in die Hand um gegen die heimtückischen Intrigen und hinterlistigen Lügen des Teufels zu bestehen. Umschlungen mit der inhaltlichen Wahrheit des Evangeliums, aus Glauben gerechtgesprochen vor Gott, bereit die frohe Botschaft von Jesus zu leben und zu verkündigen, unerschütterlichen Glauben an unseren Erlöser, die Erkenntnis das unsere Erlösung sicher ist und das Vertrauen auf das Wort Gottes, denn was wir den Vater im Namen Jesu bitten, das wird er uns sicher geben, können wir im guten Kampf des Glaubens bestehen.[145] Denn die, die Gott vorher ausersehen hat, die hat er auch vorausbestimmt und die wird er berufen, rechtfertigen und heilig machen.[146]

Wenn jemand sündigt, so haben wir einen Fürsprecher beim Vater, wenn wir unsere Sünden im Geschenk des Bußsakramentes bekennen, so ist der Vater treu und gerecht, vergibt uns und reinigt uns, damit wir bei der Wiederkunft unseres Herrn heilig und tadellos bewahrt bleiben und uns nicht schämen und durchs Feuer gehen müssen.[147] Er ermöglicht es, unsere Hände von unseren

Werken zu waschen, denn nach unseren Werken werden wir beurteilt.[148]

Damit uns Vergebung zuteil werden kann muss eine bewusste Bekehrung und Buße stattfinden, deswegen soll man sich erforschen und prüfen ob und wie man im Glauben steht, und alle seine Sünden bekennen.[149] Durch die Heilige Kommunion gedenken und verkündigen wir Jesu Tod und Wiederkehr und haben innige Gemeinschaft mit Jesus.[150]

Das Königreich des Himmels

Da Jesus durch den Heiligen Geist in uns lebt und wir in ihm, lebt das Reich Gottes, das Königreich des Himmels unter der Regierung Gottes in uns.[151] Die Bergpredigt ist die Verfassung dieses Königreiches, sie enthält seine Gesetze, Bedingungen, Vorrechte und Belohnungen.[152] Der Weg ins Reich Gottes ist schmal und das Tor ist eng und nur durch Jesus möglich und bedarf unserer Heiligung durch, in und mit dem Heiligen Geist.[153]

Durch die Annahme und der Nachfolge Jesu wird das Reich Gottes in uns eingepflanzt, es durchwächst unser ganzes Wesen und wächst zu einem Baum heran in dem die Vögel des Himmels nisten.[154] Es gibt uns Tag für Tag Kraft und erneuert uns ständig hin zur Erkenntnis und Abbild unseres ewigen Schöpfers.[155] Hin zu unserer vollkommenen Erlösung und Errettung, unserem vollkommenen Heil in und durch Christus. Der Fülle des Segens Christi, das ist die

Sündenvergebung, die körperliche und geistige Heilung, Befreiung aus Gefangenschaft, gefährlichen Situationen und vom Zorn Gottes, Sieg über unsere Feinde und der Bewahrung vor dem Gefängnis.[156]

Der gläubige Mensch ist die besonders wertvolle Perle, ihn lässt Jesus alles was er bedarf, in all seiner Fülle und Herrlichkeit, zukommen.[157] Er schenkt uns geistige und spirituelle Einsicht und Erkenntnis, das verborgene Manna des Himmels, und wir können aus unserem persönlichen Schatz an Erfahrung und Weisheit, Wohlstand und Talent, Neues und Altes weitergeben.[158] Mit unseren von Gott gegebenen Talenten, dem Vater und dem Sohn alle Ehre und Herrlichkeit erweisen, damit unser Segen im Leben und unser Schatz im Himmel groß sein wird.[159] Umsonst haben wir erhalten und frei sollen wir geben um das Gute zu erhalten. Das ist das grundlegende Prinzip im Reich Gottes, das Gute zu säen um das Gute zu ernten.[160]

Die Gnade

Denn das ist die Gnade Gottes, das er durch seinen Sohn sein eigenes Gesetz erfüllt hat, damit wir durch Jesu Tod am Kreuz sein Leben empfangen können. Er bestraft wurde, damit uns vergeben wird, er verwundet wurde, damit wir geheilt werden, er mit unserer Sündhaftigkeit zur Sünde gemacht wurde, damit wir mit seiner Gerechtigkeit gerecht gemacht werden, er arm wurde, damit wir an seinem Reichtum teilhaben können, er unsere Scham ertrug, damit wir seiner Ehre teilhaftig werden, er unsere Ablehnung ertrug, damit wir seine Annahme beim Vater haben und er zum Fluch wurde, damit uns sein Segen zuteil wird.[161]

Als Mitbürger im Reich Gottes unterstehen wir der Regierung Gottes, wir sind sein Eigentum und Knechte im Herzen und besitzen dadurch auch die Autorität Jesu, um in der Autorität seines Namens die Dämonen auszutreiben, die Kranken zu heilen, die Toten oder die Schlafenden aufzuwecken, den Menschen zu reinigen und jenen, die sich an uns versündigen, die Sünden zu vergeben.[162]

Wir sind Jesus auserwähltes Volk und seine königliche Priesterschaft die seine frohe Botschaft verkündigen und die Menschen zu Schülern seines Weges machen sollen. Seinen Auftrag und sein Wort erfüllen und die Menschen wieder zu einer Beziehung zu ihrem himmlischen Vater zurückzubringen.[163]

Die Gläubigen werden auferbaut zur Gemeinde Jesu, seiner Braut, die sein geistlicher Leib ist, eine Wohnung Gottes im Geist, ein heiliger Tempel, dessen Eckstein und gleichzeitig Haupt Jesus über alles ist. Er fügt alles zusammen und er lässt alles hin wachsen zur Vollendung seines Erlösungswerkes. Jesus, der alles in allen erfüllt und alle zur vollen Ausgestaltung seiner Heiligkeit bringt und dieses bei seiner Wiederkehr in Vollkommenheit vollendet.[164]

Gott möchte das sich alle Kinder Gottes im Namen Jesus versammeln, nicht nur im Geist, sondern auch in ihrer äußerlichen Gestalt, um einen Leib an jedem Ort, und einen Leib in der ganzen Welt darzustellen.[165] Damit weltweit alle gläubigen Christen eine vollendete Einheit im Glauben und in der Erkenntnis des Sohnes Gottes sind. Das Verständnis über die Bedeutung des Namens Jesus Christus, Sohn Gottes und der Glaube daran soll das einheitliche Fundament der christlichen Kirchen weltweit sein. [166]

Es wird dem Menschen kein anderes Zeichen als das Zeichen des Propheten Jona gegeben, der drei Tage hoffnungslos im Bauch des großen Fisches gefangen war und auf wundersame Weise daraus gerettet wurde. Denn das ist das Zeichen des Propheten Jona, das der hoffnungslos in der Sünde verlorenen Mensch nur durch die Gnade Gottes und der Kraft Gottes gerettet wird, denn Gott ist der „ Ich bin, der Ich bin" und der „ ...und alles was Mir gefällt, das tue Ich auch."[167]

Er ist der, der sich liebevoll von ganzem Herzen freut und einem entgegenläuft, wenn ein Mensch zu ihm zurückkommen möchte. Auch wenn der Mensch sich selbst nicht für würdig genug hält, bekleidet er ihn mit seiner reinen Gerechtigkeit, beseitigt seine Zweifel, ist ihm ewig treu, adoptiert ihn und teilt seinen ganzen Reichtum mit ihm. [168]

Freien Zugang zu dieser Gnade, das bedeutet ohne irgendwelche Bedingungen, haben wir durch die bewusste Entscheidung zur Annahme im Glauben, das Jesus für unsere Sünden am Kreuz gestorben ist, wir durch sein vergossenes Blut die Vergebung unserer Sünden erlangen und so Gottes Gerechtigkeit erfüllt wurde. [169]

Wenn Sie dieses Geschenk der Gnade Gottes erhalten möchten, wenn sie mit Jesus Gemeinschaft haben wollen und zu seiner Gemeinschaft gehören wollen, entscheiden Sie sich für ihn, beten sie mit ihrem Herzen dieses Annahmegebet und lassen sie sich erlösen: [170]

Lieber Herr Jesus, ich bekenne dass ich ein Sünder bin und bitte um Vergebung. Ich glaube, dass du, der Sohn Gottes, für meine Sünden am Kreuz gestorben und von den Toten auferstanden bist. Ich wende mich von meinen Sünden ab und lade dich ein, in mein Herz und mein Leben zu kommen. Ich will dir vertrauen und nachfolgen, als mein Herr und Erlöser. In deinem Namen. Amen.

Wer Jesus als seinen Erlöser bekennt und in seinem Herzen an seine Auferstehung glaubt, der darf die Offenbarung der vollkommenen Freiheit der Herrlichkeit der Kinder Gottes erwarten. [171] Offenbart, ganz plötzlich, in einem Augenblick, wenn die Posaune für seine Gemeinschaft erschallt und Jesus sie ruft, werden die in Christus Verstorbenen zuerst auferstehen und dann die noch lebenden Gläubigen zusammen mit ihnen auf Wolken Jesus entgegen in die Luft entrückt werden, um für immer mit Jesus vereinigt zu sein. Sie werden verwandelt werden, befreit vom sterblichen Leib, hin zum herrlichen unsterblichen Leib der Kinder Gottes. [172] Sie werden befreit vom darauffolgenden Zorn Gottes über diejenigen, die die Liebe zur Wahrheit ihrer Errettung nicht angenommen haben und der kommenden Irrlehre folgen.

Unser Lebenswerk, das Festhalten an Jesu Wort, ein Hörer und Täter seines Wortes zu bleiben, und den Glauben an seinen Namen nicht zu verleugnen, öffnet diese Tür, die niemand mehr schließen kann. Es macht die Erlösung und Errettung durch Jesus vollkommen. [173] Die Rechtfertigung von Gott befreit uns vom Fluch der Sünde, der Geist heiligt unsere Seele und befreit uns von der Kraft der Sünde, und die kommende Verwandlung schenkt uns einen unsterblichen Leib und befreit uns von der Präsenz der Sünde und damit vom Tod. Der vollständige Sieg über die Sünde zerstört das Werk des Teufels.[174]

Das ist die gesegnete Hoffnung in der man als gläubiger Christ leben kann. Der Segen, der in der Auferstehungshoffnung und der glorreichen Rückkehr Jesu liegt.[175] Dies wird beschrieben als Herrlichkeit, Fülle und Liebe Christi, der alles in allen erfüllt. Gott schenkt uns einen Sinn für unser Leben, damit wir mit Paulus sagen können: „Denn das Leben ist für mich Christus."[176]

Jesu Opfer am Kreuz führt uns wieder zurück zum Anfang der Bibel, dem Leben im Paradies, Gemeinschaft mit Gott, einen klaren Verstand, reine Herzen und die Fähigkeit das Rechte zu tun. Er ist das Alpha und Omega, gleichzeitig, der Anfang und das Ende.[177]

Der spirituelle Christ

Wie soll der spirituelle Christ nun auf Basis des biblischen Wortes leben?

Geduldig und zuversichtlich auf Jesu Rückkehr warten,[178] sich als bewährt darstellen und im Licht, abseits der Sünde, wandeln,[179] nur das Gute tun,[180] wachsam sein,[181] ein Gebetsleben führen,[182] Anfechtungen und Versuchungen aushalten und überwinden,[183] den Nächsten lieben,[184] heilig, gehorsam und bereit gegenüber Gottes Willen sein,[185] immer in Jesus bleiben, ihm nachfolgen und im himmlischen Segen leben.[186]

Die Endzeit

Aber vor der Rückkehr Jesu müssen alle Gläubigen persönlich vor dem Richterstuhl Christi erscheinen, um für ihre Werke auf Erden beurteilt zu werden.[187] Das Gericht beginnt zuerst im Hause Gottes, es dient der Reinigung und der Belohnung, wobei die Gläubigen weder verurteilt noch verdammt werden, da Jesus für die Sünden der Gläubigen gestorben und ihrer Rechtfertigung wegen auferstanden ist.[188]

Die Gläubigen werden belohnt für gute Werke die sie für das Reich Gottes getan haben und sie büßen ihren Lohn ein, für Werke, die dem göttlichen Feuer nicht standhalten, aber sie werden „so wie durchs Feuer" errettet werden.[189] Beurteilt wird, wie wir auf dem Fundament unseres Glaubens weitergebaut haben. Haben wir Früchte des Geistes hervorgebracht, die dem göttlichen Feuer standhalten oder Früchte der Welt, die das göttliche Feuer nur weiter anfachen.[190] Alles wird enthüllt und hervorgebracht, Jesus wird unsere Motive, Geheimnisse, Treue, Worte und Taten beurteilen.[191] Er wird ein allumfassendes Urteil über unser inneres Leben der Seele, unser äußeres Leben und Werk und wie wir mit unseren Brüdern und Schwestern im Glauben umgegangen sind, aussprechen.[192]

Unser Lohn ist die Festlegung welche Stellung wir im kommenden tausendjährigen Königreich Gottes, unter der Regierung Christi, haben werden.[193] Unser Lohn wird in gerechter Weise, anteilsmäßig, nach dem Ausmaß und der Möglichkeit der Verwendung unserer von Gott gegebenen Talenten und Fähigkeiten bemessen sein, wobei es nicht darauf ankommt wie lange man schon der Gemeinschaft angehört. [194] Auf Basis unserer Treue, Heiligung und Gehorsams in der Nachfolge Jesu, erhalten wir Positionen der Verantwortlichkeit und Autorität oder der Beschämung und Blamage. [195]

Ziel der Nachfolge Jesu ist, durch die Verkündigung des Evangeliums die Vollzahl der weltweiten Gläubigen zu erreichen und sich durch die Heiligung bereitzumachen für das Hochzeitsmahl des Lammes, der Krönungszeremonie Jesu als König der Welt, und seine Rückkehr auf Erden, zum Gericht und der Auferstehung der Gläubigen. [196]

Vor der zweiten Rückkehr kommt es aber noch zur Vollendung des Bösen, des Fluches der Ablehnung Christi und der fest beschlossenen Verwüstung durch das Auftreten des Antichristen. [197] Der Antichrist wird alle lügnerische Kraft des gefallenen Engel Satan erhalten, um eine Weltregierung durch einen Friedensbund mit vielen Ländern herzustellen und eine Huldigung und Anbetung als Gott fordern, die durch eine Weltreligion, an deren Spitze der falsche Prophet steht, propagiert wird. [198] Der Antichrist ist die Bezeichnung für den gefallenen Engel, der Geist Satan, der sich eines Menschen bemächtigt und in ihm wohnhaft wird, der Jesu Stellung als Erlöser und König der Welt entgegentritt und ersetzen möchte. Der Geist des Antichrist wirkt bereits im geheimen und hintergründig in der Welt und äußert sich dadurch, das er das Erlösungswerk des Sohn Gottes am Kreuz und die Kraft Gottes zur Errettung der Welt spottet und verneint.[199]

Der Welt wird er offen als Mensch zutage treten, wenn er sich dreier führender Persönlichkeiten in der Welt heimtückisch entledigt, und aus diesem Chaos heraus, seine führende Position in der Welt mit Intrigen einnehmen wird. Einen Anschlag auf seine Person überlebt er trotz tödlicher Verletzung. Begleitet von Krieg und Raubzügen wird er Israel hintergehen und einnehmen, und sich und sein Bild im Tempel als Gott anbeten lassen. Dabei wird er die Gebote und das Gesetz Gottes außer Kraft setzen und die täglichen Opfer durch sein eigenes verbrecherisches Opfer, dem Gräuel der Verwüstung, dem Ekelhaftem, das der spirituellen Verwirrung entspringt, ersetzen. Er wird seine Anhänger durch ein Ritual einweihen und kennzeichnen, ihnen Reichtümer und einflussreiche Positionen zukommen lassen und ihnen das Recht übertragen, jene Menschen die ihn nicht annehmen zu töten. Dies wird im Abend- und im Morgenland im Namen Gottes geschehen und die Anzahl der Getöteten im Namen Gottes wird die Zahl seines Namens sein. Nur wer sein Zeichen trägt wird seinen Lebensunterhalt verdienen oder Handel treiben können.[200]

Im Buch Daniel wird dem Propheten vom Engel Gabriel erklärt, das zwischen der Anordnung des persischen Großkönigs Artaxerxes I. Jerusalem und den Tempel wiederaufzubauen und dem zweiten Kommen Christi eine Zeitspanne von 70 Jahrwochen, oder 490 Jahre, bestimmt sind. Nach 69 Jahrwochen wird Jesus gekreuzigt und Jerusalem von den Römern zerstört. Die zukünftige letzte

Jahrwoche oder die Zeit der großen Bedrängnis von sieben Jahren, von der nur Gott weiß wann sie stattfindet, wird beginnen, wenn der Antichrist einen militärisch gefestigten Friedensbund mit vielen Ländern schließt.[201]

Die Zeit davor wird als Zeitalter der Kirche in den sieben Sendschreiben an die Gemeinden beschrieben. Sie enthalten Lob, Tadel, Ermahnung und Verheißung der jeweiligen Gemeinden in Kleinasien, aber dienen auch als eine Beschreibung der Entwicklung der Kirche über die Jahrhunderte hinweg. Lob und Tadel, den man auch heutzutage in einzelnen Gemeinde wiederfindet.

Ephesus steht für die Gemeinde der apostolischen Zeit und der frühen Kirchenväter.

In dieser Gemeinde traten falsche Apostel auf, die Verwirrung hinsichtlich der Rechtfertigung allein durch den Glauben und dem Gesetz Mose und dessen Rituale, wie die Beschneidung, Speiseenthaltung und Opfer, stifteten. Dies wird als Werke der Nikolaiten beschrieben, die zur Erlangung der Vergebung noch zusätzlich rituelle Gesetzeswerke verlangten. Nikolaiten besteht aus zwei griechischen Worten, "niko", Eroberer oder Überwinder und "laos", das Volk - also sinngemäß Herrscher über das Volk. Sie belogen die Gläubigen hinsichtlich ihrer Erlösung und strebten auch noch nach Macht und Kontrolle innerhalb der Gemeinde. Jesus fordert die Gemeinde auf, zu ihrer ersten Liebe, der Rechtfertigung allein durch den Glauben und Werke der Heiligung zurückzukehren, ansonsten würde die Gemeinde aufhören zu existieren. Wer aber diese Verwirrungen überwindet, der wird ewiges Leben erlangen.

Smyrna ist die Gemeinde der großen Christenverfolgungen im Römischen Reich.

Neben der Bedrängnis und Verfolgung durch den Staat, fanden sich auch Leute, die als religiös galten und heidnische Opferrituale in ihren Tempeln einführten, beide mit dem Ziel das Christentum auszurotten. Jesus fordert sie auf in der Bedrängnis und im Leid standhaft zu sein, Christus nicht zu verleugnen und treu bis in den Tod zu sein. Wer dieses überwindet, der wird ewiges Leben erlangen.

Die Gemeinde von Pergamon kennzeichnet den Abschnitt der Kirchengeschichte in der die christliche Kirche einen Bund mit dem Staat einging und schließlich zur Staatskirche wurde.

Hier flossen auch heidnische Rituale in die Gemeinde ein und die Werke und Tradition der Nikolaiten haben sich als Lehre festgesetzt. Ihn ihrem Streben nach Macht und Kontrolle, zögerten sie nicht den Bischof der Gemeinde, der ihnen im Weg stand, umzubringen. Jesus fordert die Gläubigen auf, zu ihm und seinem Wort zurückzukehren und zu überwinden, um ihnen spirituelle Erkenntnis zu schenken und ein wichtiger Baustein seines lebendigen Tempels zu werden.

Die Gemeinde von Thyatira kennzeichnet das Zeitalter der christlichen Kirche zwischen der ausgehenden Antike und dem Beginn der Reformation.

Diese Gemeinde wird gelobt das ihre Werke im Laufe der Zeit mehr statt weniger wurden. Dieses mehr zeigt sich in der Entstehung der Frömmigkeit und Enthaltung von der Welt, wie dem Mönchstum. Aber trotzdem entwickelte sich eine satanisch heidnische Lehre innerhalb der Gemeinde, die von einem falschen Propheten begleitet wurde und als Tiefen Satans bezeichnet wird. Jesus fordert die Gläubigen auf dieses zu überwinden, seinem Wort treu zu bleiben und sein Werk fortzuführen, ansonsten das Gericht Gottes über die Gemeinde kommt.

Die Gemeinde von Sardes steht für die Zeit der Reformation.

Es war die Zeit der Inquisition und brennender Scheiterhaufen, der Besitz einer Bibel war dem einfachen Gläubigen verboten. Jesus bezeichnet dieses Kirchenzeitalter als Tod und ihre Werke unvollkommen, denn sie lassen Werke der Heiligung vermissen. Er fordert sie auf aufzuwachen, zu reformieren und zu seinem Wort zurückzukehren, denn wer überwindet, den wird er als Gerechter vor seinem Vater bekennen und ins ewige Leben eingehen.

Die Gemeinde Philadelphia oder übersetzt geschwisterliche Liebe, ist das Zeitalter der großen Erweckungsbewegungen und des missionarischen Aufbruchs die zur Neuentdeckung des biblischen Christentums führte.

Diese Gemeinde wird gelobt, da sie sein Wort bewahrt, gelebt und seinen Namen nicht verleugnet hat. Da sie von der biblischen Wahrheit über seine Person nicht abgewichen ist, wird sie von der kommenden Versuchung der heidnischen Irrlehre bewahrt. Obwohl sie nur eine kleine Kraft ist, öffnet Jesus ihnen Türen und wird sie zu einer tragenden Säule in seiner Gemeinschaft machen.

Das Sendschreiben an die Gemeinde in Laodizäa steht für den letzten Abschnitt der Kirchengeschichte bis zur Zeit der Trübsal.

Es ist eine Beschreibung der heutigen Christenheit in der viele als kalt beschrieben werden, sie zwar gottgläubige Menschen sind, aber noch keine bewusste Entscheidung zur Annahme Jesu Erlösungswerkes getroffen haben, dies aber zukünftig noch möglich ist und sie deshalb nicht verworfen werden. Im Gegensatz zu den Christen, die diese Entscheidung schon getroffen haben und Heißhunger nach mehr von Christus haben. Die, wenn er anklopft, wenn sie seine Frohe Botschaft hören, mit ihm Mahl halten wollen, und Jesus, der sich nicht aufdrängt, bewusst annehmen, Vergebung erlangen und den Geist Gottes empfangen. Jener Mensch, der kein Interesse an Gott hat, dessen Sicherheit sein Wohlstand ist und der nur für sich selbst lebt, dessen Werk unbrauchbar ist, den wird er ausschließen und jener ist dem zukünftigen Gericht und Zorn Gottes verfallen. Jesus rät ihm, sich eine Bibel zu kaufen, Zeit in das Studium des Wort Gottes zu investieren, um reich an Erkenntnis zu werden, Jesu Gerechtigkeit anzuziehen und die Blindheit gegenüber der göttlichen Wahrheit abzulegen.

Die Sendschreiben an Philadelphia und Laodizäa enthalten auch einen Hinweis auf die Beurteilung des Werkes jedes einzelnen, ein Hinweis auf den Beginn des Gerichtes im Hause Gottes und das es bereits begonnen hat.[202]

Mit diesen weltlichen und heidnisch religiösen Einflüssen versucht Satan die Menschen blind und unwissend gegenüber der Wahrheit zu ihrer Errettung durch Jesu Lebenswerk zu machen, um eine Christenheit ohne göttlichen Christus zu erschaffen. Er versucht die Menschen von der wahrhaftigen Realität des biblischen Wort Gottes, der Kraft Gottes zu ihrer Errettung und der Präsenz Gottes durch den Heiligen Geist, wegzuleiten, abfallen zu lassen und den Weg frei zu machen für den falschen Propheten, der den menschlichen Erlöser und dessen menschliche Gerechtigkeit propagieren wird.

Jesus beschreibt die letzten Tage als Geburtswehen, die mit der Zeit an Intensität zunehmen. Als Beginn der Geburtswehen beschreibt er das Aufblühen des Feigenbaumes, ein biblisches Symbol für Israel, das 1948 als Staat Israel wiederhergestellt wurde.[203]

Wenn Frieden und Sicherheit mit militärischer Unterstützung in den Krisenregionen der Welt hergestellt sein wird, kommt plötzlich Krieg und großes Verderben, gefolgt von einer Weltwirtschaftskrise über die Menschheit. Die Siegel werden geöffnet und der Mensch erntet was er an Hass und Grausamkeit selbst gesät hat.[204]

Aus diesem Chaos heraus, aus dem Wegfall der gesellschaftlichen Ordnung, wird sich der Antichrist dreier Konkurrenten heimtückisch entledigen und sich mit List der Leitung einer Koalition von zehn Staaten bemächtigen. Er wird Israel täuschen und das Land besetzen.[205] Gleichzeitig wird weltweit das Evangelium vom Reich Gottes und des kommenden Gerichtes verkündigt werden, speziell in Israel werden zwei Propheten machtvoll auftreten, um die Auserwählten Israels mit dem Heiligen Geist zu versiegeln.[206]

In dieser Zeit, in der Hälfte der sieben Jahre Drangsalperiode, wird sich der Antichrist als Weltenherrscher präsentieren, sich für Gott erklären und sich im Tempel wie ein Gott anbeten lassen.[207] Er wird die zwei Propheten töten lassen und ihre Leichen drei Tage in der Stadt Jerusalem öffentlich zur Schau stellen. Am vierten Tag werden die zwei Zeugen wiederauferstehen und in den Himmel gehoben und ein großes Erdbeben wird Jerusalem erschüttern.[208]

In der Offenbarung des Johannes wird der himmlische Kampf zwischen dem Erzengel Michael und Satan beschrieben. Der Erzengel Michael tritt für die Auserwählten Israel ein, die in der Wüste Schutz finden, besiegt Satan und stürzt ihn von seinem Thron auf die Erde hinab. Daraufhin wird die Verfolgung der restlichen Christenheit eskalieren.[209] Die Staatenkoalition wird beginnen die falsche Kirche zu zerstören und auszuplündern.[210]

Bevor die Staatenkoalition zum letzten Gefecht bei Armageddon zusammengeführt wird, werden die Christen die sich bereit gemacht haben, zum Hochzeitsmahl des Lammes in den Himmel emporgehoben und verwandelt werden.[211] Jesus wird als König der Welt gekrönt und wird mit seinen Heiligen auf die Erde zurückkehren und den Antichrist und seinen falschen Propheten, kraft seines gesprochenen Wortes, lebendig in den Feuersee werfen und deren Truppen zerstören.[212]

Dann wird das tausendjährige Friedensreich des Messias auf Erden beginnen und seine Heiligen werden mit ihm herrschen.[213] Nach tausend Jahren wird Satan noch einmal losgelassen um die Menschen zu verführen um schlussendlich im Krieg des Gog und Magog endgültig für ewig in den Feuersee verworfen zu werden. Dann werden die gottlosen Menschen vor dem großen weißen Thron Gottes, ohne Fürsprecher, jeder nur nach seinen Werken, gerichtet werden. Danach wird Gott alles neu machen, wird bei den Menschen wohnen und sie werden sein Volk sein für immer und ewig.[214]

Glückselig, die ihre Kleider waschen, damit sie ein Anrecht am Baum des Lebens haben und durch die Tore in die Stadt hineingehen!

Endnoten

---

[1] (Mt 16:13)

[2] (Eph 4:20)

[3] (Hebr 3:14) (Mt 11:28-29) (Mk 1:34, Lk 7:21) (Eph 3:17,19)

[4] (Joh 3:15) (Mt 26:28).

[5] (Mt 17:5)

[6] (Joh 4:22)

[7] (Mt 22:29, Mt 23)

[8] (Mt 4:3-11)

[9] (Joh 1:1:14)

[10] (Off 19:13)

[11] (2Tim 3:16,17) (Joh 3:28-29)

[12] (5 Mose 18:15)

[13] (5 Mose 18:19)

[14] (1 Mo 49:10)

[15] (Ps 2:7,12)

[16] (Ps 16:9-10)

[17] (Ps 67:2-3)

[18] (Ps 22:2, 14-19) (Ps 69:21-22)

[19] (Ps 40:8-9,11)

[20] (Ps 45:8)

[21] (Ps 72:6-8,11-14)

[22] (Ps 78:2)

[23] (Ps 80:18)

[24] (Ps 96:12-13) (Ps 98:8-9)

[25] (Ps 102:19)

[26] (Ps 103:3-5) (Hos 6:2)

[27] (Ps 110:4)

[28] (Ps 118:19;20;22;26)

[29] (Ps 130:7-8)

[30] (Spr 30:4)

[31] (Jes 7:14) (Micha 5:1-2)

[32] (Jes 11)

[33] (Jes 12:1,3,4) (Jes 61:1)

[34] (Jes 25:6-8)

[35] (Jes 49:4,6) (Ps 35:19)

[36] (Jes 53:3-12) (Ps 22:18) (Ps 34:20) (Ps 88:9)

[37] (Jer 31:31-34) (Hes 36:25-27)

[38] (Dan 9:24,26)

[39] (Hebr 10:14-18)

[40] (Joh 1:14)

[41] (1 Mo 3:6)

[42] (Off 4:11, 16:9)) (Apg 3:21)

[43] (Röm 11:36)

[44] (Rom 1:21; 3:23) (Mk 7:21-23)

[45] (Röm 5:21) (Jer 17:9,10) (Mt 8:12)

[46] (Jak 4:17) (Mt 5:28)

[47] (2Mo 34:14) (4Mo 14:18) (1Mo 3,16-24)

[48] (1Mo 3,8)

[49] (1Mo 3:23,24)

[50] (1Mo 3:1-4) (Joh 8:21,24) (Röm 7:18-24) (1Mo 3:22)

[51] (Rom 5:12,19) (1Mo 3,16-24)

[52] (1 Joh 8,10)

[53] (Röm 3:10; 7:24)

[54] (4Mo 21:8) (Joh 3:14)

[55] (Lk 1:38) (2 Kor 11:2) (Lk 1:35) (Ps 2:7)

[56] (2 Mo 20:5)

[57] (1 Ptr 1:19)

[58] (Joh 8:46)

[59] (Lk 5:31,32) (Lk 19:10)

[60] (1 Tim 2:4) (Hos 4:6)

[61] (1 Tim 2:6) (Heb 2:15)

[62] (1 Ptr 1:18,19) (Mt 16:26) (Heb 9:22) (3Mo 17:11)

[63] (Joh 15:25) (Joh 13:18) (Mk 14:50) (Joh 1:11) (Mt 26:67) (Mt 27:26) (Mt 27:29) (Lk 22:37) (Mt 27:34,35)

[64] (Mt 27:46), (Jes 53:2,3) (Joh 19:30) (Offb 21:6)

[65] (Mt 5:17)

[66] (Gal 5:14) (Röm 5:19) (Joh 10:17-18)

[67] (Röm 2:14) (Jak 2:10) (Röm 3:19) (Gal 2:16; 5:4)

[68] (3Mo 17:11) (Heb 9)

[69] (2Mo32) (Gal 3:19) (Röm 5:20)

[70] (2 Mo 19:8) (2 Mo 32:4) (4 Mo 21:8)

[71] (2Mo 25:21) (5Mo10:1-5) (Mt 19:17) (1Kor 7:19) (Lk 16:14-18) (2Mo 25:18-21) (Joh 19:34)

[72] (5 Mo 11:26) (5Mo 27:26)

[73] (4 Mo 6:14)

[74] (Mt 27:52,53) (1 Kor 15:20)

[75] (Joh 20:17,17)

[76] (Lk 23:46)

[77] (1Kor 15:17)

[78] (Röm 3:21-28)

[79] (Heb 9:12) (Röm 3:26; 5:15) (Joh 8:11)

[80] (Röm 4:25; 8:1) (Lk 16:19-31) (Offb 21:6-8)

[81] (Röm 5:18)

[82] (Heb 10:10,14) (1Kor 3:17)

[83] (Röm 5:1; 3:20-27) (Lk 16:15-18)

[84] (Gal 3:10)

[85] (Gal 3:23,24)

[86] (Röm 7:12; 10:5)

[87] (Gal 5:24)

[88] (Lk 15:11-32) (Offb 2:17) (1Ptr 2:5) (Röm 9:32,33)

[89] (1 Joh 4:9,10) (Röm 5:8)

[90] (Joh 6:37) (Apg 2:21)

[91] (Röm 10:9,10) (Mt 13:15)

[92] (Gal 3:11) (Lk 15:10)

[93] (Lk 24:27,32,44,45)

[94] (Apg 8:26-39) (Joh 1:45; 11:27)

[95] (Apg 18:28)

[96] (Mt 22:45)

[97] (Dan 8:25) (Off 1:5; 5:12) (Apg 2:30-35) (Heb 9:11)

[98] (Phil 2:9-11) (Joh 18:37)

[99] (Joh 5:22,27) (Offb 5:12; 22:12)

[100] (Röm 8:31-37)

[101] (Joh 16:8-15)

[102] (Joh 14:26)

[103] (Mt 10:32) (Joh 3:3-5)

[104] (Eph 5:26) (Tit 3:5)

[105] (Joh 4:23-24)

[106] (2 Kor 5:17) (Eph 2:14,15,22,24)

[107] (Offb 19:7) (Joh 3:29)

[108] (Kol 2:2,3) (Apg 17:11)

[109] (Eph 1:13,14)

[110] (1Ptr 1:4) (Kol 1:12) (Mt 25:34)

[111] . (Jes 11:6-9; 65:25) (Offb 7:16,17)

[112] (Gal 3) (Röm 4)

[113] (1 Mo 22)

[114] (Joh 1:15; 8:56-59) (Lk 1:54,73,74) (Apg 2:36)

[115] (Röm 8:15) (Eph 2:18) (Lk 18:17)

[116] (Mt 6:7) (Lk 18:8) (Joh 16:23,24) (Lk 14:13,14) (Mt 7:7-11)

[117] (Röm 8:15) (Eph 2:18,19)

[118] (Joh 1,12) (Mt 23:9)

[119] (Röm 8:14-17)

[120] (Joh 10:9; 14:6)

[121] (1 Joh 4:13)

[122] (Eph 5:26) (1 Joh 2:6)

[123] . (Röm 6:14) (Tit 2:11,12)

[124] (Jak 1:21) (Gal 5:16-26) (Mt 25:1-13) (Röm 8)

[125] (1 Ptr 1:5,9) (Phil 2:13)

[126] (Mt 5:48) (Kol 1:21-23) (Offb 22:11,14) (Heb 5:14)

[127] (1 Ths 4)

[128] (Röm 8:29) (1 Ptr 1:2,9)

[129] (Heb 2:18, 4:15) (Joh 17:19)

[130] (1Joh 2:24, 3:6) (Mt 7:14) (Röm 6:14) (Joh 8:31-36)

[131] (Röm 6:19; 12:1,2) (1 Joh 2:24) (Heb 12:14) (Mt 10:38)

[132] . (2Ptr 1:4-11) (Eph 3:14-19) (Offb 2:25) (Mt 10:16) (1Joh 2:5)

[133] (Eph 5:1)

[134] (Röm 12:22) (Gal 5:22,23) (Offb 21:7)

[135] (Kol 2:6,7,11)

[136] (Mt 25:12) (Mt 10:32,33)

[137] (Eph 2:10)

[138] (Jak 1:22,25) (Jak 2:26) (1Joh 3:10,18) (Mt 22:11-14)

[139] (Mt 7:12) (Röm 13:8-10) (1 Tim 1:5) (1 Joh 4:19)

[140] (Mt 22:37-40) (2 Joh 1:4) (1 Joh 3:23, 4:12) (Mk 12:33,34)

[141] (Röm 13:9) (1 Kor 7:19) (1 Joh 2:3-6) (1Joh 5:2,3) (Lk 16:16,17)
(Hes 36:27) (Lk 6:5)

[142] (Lk 22:31,32) (Phil 2:12) (1Ptr 5:8-10) (Jak 4:7; 3:2,14-16) (1Joh
3:13)

[143] (1Ptr 1:6,7) (Röm 5:1-5; 12:19-21) (Jak 1:2-5) (Heb 10:30,31)
(Joh 7:6-7; 15:18-27,33)

[144] (Röm 12:17-21)

[145] (Eph 6:10-18) (Mt 6:7) (Joh 8:35) (2 Kor 4:16) (Joh 16:26-27)

[146] (Röm 8:29-31) (1Ths 5:18,24) (Joh 6:65)

[147] (1Joh 2:1, 1:9, 2:28) (1Ths 5:23) (Spr 24:16) (Lk 9:62) (Heb 4:16)

[148] (Jak 4:8) (1Kor 11:32) (Lk 9:62) (Mt 7:2) (Offb 22:12; 3:19)

[149] (Röm 1:16) (Mk 4:12) (2Kor 13:5) (Joh 8:7,11,34-36) (Offb 3:2-4)

[150] (1Kor 10:16; 11:23-29) (Joh 6:54-56) (1Joh 1:3)

[151] (Lk 11:20, 17:20,21, 12:32)

[152] (Mt 5)

[153] (Mt 7:13,14) (Joh 10:9) (Röm 12:1) (Heb 12:14)

[154] (Lk 13:18-21) (Eph 2:10) (Kol 3:10) (Mk 4:26)

[155] (Kol 3:10) (2Kor 4:16) (Eph 4:15; 5:1) (Joh 7:38)

[156] (Röm 1:16; 8:31-39) (Mk 2:9-11) (Lk 15:31)

[157] (Mt 13:45,46) (Phil 4:19) (Röm 8:28) (Lk 15:31)

[158] (Phil 4:19) (Offb 2:17) (Mt 13:52) (2 Kor 4:7)

[159] (1Ptr 4:11) (Mt 25:14-30, 6:20,21)

54

[160] (Gal 6:6-9)

[161] (Gal 3:9-14)

[162] (Röm 7:4) (Eph 6:6) (Mt 10:8; 18:18-35)) (Joh 20:22-23)

[163] (1Ptr 2:9) (Mt 28:19) (Offb 1:6; 5:9,10) (Eph 4:11)

[164] (Joh 17:21-22) (Eph 5:27) (Heb 12:23) (Off 19:7; 21:9)

[165] (Joh 11:52; 17:11,21) (Apg 2:44) (Röm 12) (1 Kor 1:10) (Eph 2:4,5) (1 Tim 3:15)

[166] (1Joh 1:3) (1Kor 12) (Röm 12) (Eph 1:22-23; 2:22-23; 4:11-16) (Joh 17)

[167] (Jona 1-4) (2Mo 3:14) (Jes 46:10)

[168] (Lk 15:11-32)

[169] (Mt 11:28) (Eph 3:12)

[170] (Apg 2:21) (Offb 3:20)

[171] (Phil 3:2) (Mt 17:2-3) (Joh 8:36)

[172] (1Thes 4:15-18) (1Kor 15:51-52) (Rom 8:11-25) (Joh 14:2-4) (1Joh 3:2)

[173] (Offb 3:7-13) (2Ths 2:10) (2Tim 4:7,8)

[174] (1Joh 3:8) (Jes 35)

[175] (Tit 2:11-14) (Kol 1:27) (Röm 15:13)

[176] (Phil 1:21) (1Joh 4:17)

[177] (Offb 21:6,7)

[178] (Heb 9:28) (1Kor 1:7) (Röm 8:19,23,25) (Gal 5:5) (Phil 3:20) (1Thes 1:10)

[179] (2Tim 2:15) (Heb 4:11) (1Joh 1:6)

[180] (1Tim 6:18) (1Joh 2:29)

[181] (Lk 21:36) (Mk 13:35) (Mt 24:43) (Off 16:15)

[182] (Lk 21:36)

[183] (Jak 1:12) (Heb 12:1) (Mk 13:13) (Jak 5:7-8) (Heb 6:12)

[184] (Mt 22:37) (2Tim 4:8)

[185] (1Pt 1:15-16) (2Pt 3:14) (1Ths 5:23) (Mt 24:44) (Lk 12:40)

[186] (1Joh 2:28) (1Kor 3:14) (1Joh 3:6,9)

[187] (Röm 14:10-12) (2Tim 4:1)

[188] (1Ptr 4:17) (Röm 8:1-2) (Joh 5:24) (Joh 3:18; 9:39-41) (Mt 13:11-15)

[189] (2Kor 5:10) (1Kor 3:11-15) (Heb 9:27-28) (1Tim 5:24-25) (1Joh 2:28) (2Joh 1:8) (Offb 3:14 -22; 22:12-14)

[190] (Mt 7:24-25)

[191] (Lk 12:2) (Röm 2:16) (1Kor 4:2-5) (Mt 6:1-4) (Heb 4:12-13) (Mt 24:45; 25:23) Lk (16:10) (Off 2:10) (Mt 12:36-37) (Lk 12:2-3) (1Kor 3:13-15) (2Kor 5:10) (Gal 6:7) (Off 2:23) (Kol 3:23-25)

[192] (Mt 25) (Heb 4:12-13)

[193] (2Tim 2:20-21) (Offb 2:26; 3:11; 20:6) (Mt 24:45-47) (Mt 25:21) (1Kor 3:8) (2Kor 9:6) (Kol 3:22-25)

[194] (Lk 19:11-27); (Mt 20:1-16; 25:14-30)

[195] (Mt 25:10-12) (Lk 6:35) (Mk 10:43-44)

[196] (Röm 11:25) (Offb 19:7)

[197] (Dan 7,8) (Mt 24)

[198] (1 Tim 4:1-3)

[199] (2 Ths 2:2-10) (2 Pet 3:3-10) (1 Joh 2:22) (Hes 28:11-19, 28:2-8) (Jes 14:12-14)

[200] (Off 13:16-18) (Dan 9:27) (Joh 16:2-3) (2 Thes 2:4-8)

[201] (Dan 9:22-27)

[202] (Off 2-4)

[203] (Mt 24:32-36)

[204] (Dan 9:27;11:25-30) (Off 5; 6:1-11) (1 Ths 5:2-4)

[205] (Dan 11:21-24; 8:23-25)

[206] (Mt 24:14) (Dan 12:4)

[207] (Dan 11:36-39)

[208] (Off 11)

[209] (Off 12) (Dan 12)

[210] (Off 18)

[211] (Jes 26:19-21) (Mt 24:31) (Off 20:4) (1 Ths 5:9-11)

[212] (Off 19)

[213] (Off 20)

[214] (Off 20-22)

Literaturverzeichnis

o   Die Bibel: Altes und Neues Testament. Einheitsübersetzung,
    Verlag Herder 1999

o   Elberfelder Studienbibel mit Sprachschlüssel und
    Handkonkordanz, 6. Auflage 2009, SCM R. Brockhaus,
    Witten, Christliche Verlagsgeschellschaft, Dillenburg

o   Das Neue Testament, übersetzt und erläutert von P. Dr.
    Konstantin Rösch, Ferdinand Schöningh, Wien 1967

o   Die Heilige Schrift, Hermann Menge, Deutsche
    Bibelgesellschaft, 1994

o   The Dake Annotated Reference Bible, King James Version,
    Finis Jennings Dake, 1963

o   Die Bibel, Luthertext mit Apokryphen, Deutsche
    Bibelgesellschaft Stuttgart 1985

o   Die Bibel nach der Übersetzung Martin Luthers, Deutsche
    Bibelgesellschaft Stuttgart 1985

o   Fundamente des christlichen Glaubens, Derek Prince,
    Internationaler Bibellehrdienst, 2011

o   Philothea, Franz von Sales, Paulusverlag, 1961

o   Die Nachfolge Christi, Thomas von Kempen, Hofenberg
    Verlag, Neuausgabe Berlin 2016 von Karl-Maria Guth

o   Alles, was man über die Bibel wissen muss, Henrietta
    Mears, Brockhaus Verlag Wuppertal 2004

o   Herders neues Bibellexikon, Franz Kogler, Bibelwerk Linz,
    Herder Verlag 2009

o   The Kingdom, Power & Glory, The Overcomer's Handbook,
    Chuck & Nancy Missler, The King's Highway Ministries Inc.
    2009

o   Exploring Bible Prophecy from Genesis to Revelation, Tim
    Lahaye, Ed Hindson, Harvest House Publisher 2006

Notizen

Notizen

Notizen